SIDNEY,
COMEDIE.

Par M. GRESSET.

Repréfentée pour la premiere fois le 3 Mai 1745. par les Comédiens ordinaires du Roy.

Le prix eft de 30 fols.

A LA HAYE.

M. DCC. XLV.

―――― *Hinc illud est tædium & displicentia sui . . . . . fastidio esse cœpit vita & ipse mundus, & subit illud rabidarum deliciarum, Quousque eadem?*

SENECA.

ACTEURS.

ACTEURS.

SIDNEY.

ROSALIE.

HAMILTON.

DUMONT, *Valet de Chambre de Sidney.*

HENRI, *Jardinier.*

MATHURINE, *Fille de Henri.*

La Scéne est en Angleterre dans une maison de campagne.

SIDNEY,
COMEDIE.

ACTE PREMIER.

SCENE PREMIERE.

DUMONT.

L falloit sur ma foi que le mauvais Poëte
Qui chanta le premier l'amour de la retraite,
Fût un triste animal : quel ennuïeux séjour
Pour quelqu'un un peu fait à celui de la Cour!
Depuis trois mortels jours qu'en ce manoir champêtre
Je partage l'ennui dont se nourrit mon maître,
J'ai vieilli de trois ans : Est-il devenu fou,
Monsieur Sidney ? Quoi donc se nicher en hibou,
Lui, riche, jeune, exemt de tout soin incommode,
Au milieu de son cours des femmes à la mode,
A la veille morbleu d'avoir un Régiment,
Planter là l'univers, s'éclipser brusquement,
Quitter Londre & la Cour pour sa maudite terre ?
Si je sçavois du moins quel sujet nous enterre

A

Dans un gîte où jamais nous ne sommes venus ;
Mais j'ai beau lui parler, il ne me répond plus,
Depuis un mois entier c'est le silence même :
Oh ! je sçaurai pourquoi nous changeons de systême,
Il ne sera pas dit que nous nous ennuierons
Sans que de notre ennui nous sçachions les raisons ;
Allons... j'allois me faire une belle querelle,
Il m'a bien défendu d'entrer sans qu'il appelle :
Il n'a point amené seulement un laquais,
Il faut qu'en ce desert je sois tout desormais,
Et qu'un Valet de Chambre ait la peine de faire
Le service des gens outre son ministére ;
Ah ! la chienne de vie !... Encor si dans ces bois
Pour le désennuier on voyoit un minois,
Certain air, quelque chose enfin, dont au passage
On pût avec honneur meubler son hermitage,
On prendroit patience, on auroit un maintien,
Mais rien n'éxiste ici, ce qui s'appelle rien ;
C'est pour un galant homme un païs de famine :
J'ai pourtant entrevû certaine Mathurine,
Fille du Jardinier, gentille, mais cela
M'a l'air si sot, si neuf... Ah parbleu, la voilà ;
Bon jour, la belle enfant.

COMÉDIE.

SCÈNE II.
DUMONT. MATHURINE,
faisant plusieurs révérences.

DUMONT.

Point de cérémonie,
Approchez... avez-vous honte d'être jolie ?
Pourquoi cette rougeur & cet air d'embarras ?

MATHURINE.

Monsieur....

DUMONT.

Ne craignez rien ; où portiez-vous vos pas ?

MATHURINE.

Monsieur, je vous cherchois ;

DUMONT *à part.*

Ceci change la note ;
Me chercher ? mais vraiment elle n'est pas si sotte.

MATHURINE.

Vous êtes notre Maître ?

DUMONT.

A peu près ; mais voïons
Comme au meilleur ami contez-moi vos raisons.

MATHURINE.

Pour une autre que moi, Monsieur, je suis venue...

DUMONT.

Oh ! je vous vois pour vous :

MATHURINE.

Une Dame inconnue

A ij

Depuis quatre ans entiers, toujours dans le chagrin,
Demeure en ce païs dans un château voisin ;
DUMONT.
Achevez, dites-moi, que veut cette inconnue ?
MATHURINE.
Vous voudrez l'obliger, dès que vous l'aurez vûe;
Je ne sçai quel service elle espere de vous,
Mais sitôt qu'elle a sçû que vous étiez chez nous,
J'étois près d'elle alors, j'ai remarqué sa jóie,
Et si je viens ici, c'est elle qui m'envoie
Vous demander, Monsieur, un moment d'entretien;
Elle vous croit trop bon pour lui refuser rien.
DUMONT.
Des avances, oh oh ! le monde se renverse ;
On a raison, l'aisance est l'ame du commerce ;
Oui, qu'elle se présente ; au reste elle a bien fait
De vous donner en chef le soin de son projet ;
Quel mérite enfoui dans une terre obscure !
J'admire les talens que donne la nature ;
Déja dans l'ambassade ! auroit-on mieux le ton
Et l'air mistérieux de la profession
Quand on auroit servi vingt Petites-maîtresses,
Et de l'art du message épuisé les finesses ?
Mais ce rôle pour vous, ma fille, est un peu vieux ;
Votre âge en demande un que vous rempliriez mieux ;
Et sans négocier pour le compte des autres,
Vous devriez n'avoir de secrets que les vôtres.
MATHURINE.
Je ne vous entends point.
DUMONT.
Je vous entends bien moi;
(à part.) Ma foi je la prendrois, si j'étois sans emploi

COMEDIE.

Tenez ; je ne veux point tromper votre franchise ,
Monsieur est là dedans , vous vous êtes méprise ,
Je ne suis qu'en second , mais cela ne fait rien ,
Je parlerai pour vous , & l'affaire ira bien ,
C'est un consolateur de Beautés malheureuses,
Qui fait, quand il le veut, des cures merveilleuses.

MATHURINE.

A tout autre qu'à lui ne dites rien surtout ,
On vient.... Chut , c'est mon pere :

DUMONT.

     Oh ! des peres par tout.

SCENE III.

DUMONT, HENRI, MATHURINE.

HENRI, *portant un paquet de Lettres.*

AH ! ah ! c'est trop d'honneur , Monsieur , pour notre fille.....

DUMONT.

Vraiment , Maître Henri , je la trouve gentille ;

HENRI.

Ça ne dit pas grand'chose ;

DUMONT.

    Oh ! que cela viendra ,
Le tems & & ton esprit.... mais que portes-tu là ?

HENRI, *lui donnant les Lettres.*

Un paquet, qu'un Courier m'a remis à la porte ;

DUMONT.

Et qu'est-il devenu ?

HENRI.

    Bon , le diable l'emporte

A iij

Et ne le renverra que dans trois jours d'ici :
DUMONT.
J'entens, je crois ; mon maître.... oui, sortez, le voici.

SCENE IV.
SIDNEY, *lisant quelques papiers* ; DUMONT.

DUMONT.
Oserois-je, Monsieur, (cela sera conséquence,
Et sans prétendre après gêner votre silence)
Vous présenter deux mots d'interrogation ?
Comme j'aurois à prendre une précaution,
Si nous avions longtems à rêver dans ce gîte,
Faites-moi le plaisir de me l'apprendre vîte,
Vû que si nous restons quatre jours seulement,
Je voudrois m'arranger, faire mon testament,
Me mettre en régle.... Enfin, Monsieur, je vous le jure,
Je ne puis plus tenir dans cette sépulture ;
Etant seul on raisonne ; on bâille en raisonnant,
Et l'ennui ne vaut rien à mon tempérament....

SIDNEY.
Une table, une plume ;

DUMONT.
Eh mais....

SIDNEY.
point de répliques ;
Qu'on tienne un cheval prêt.

DUMONT, *à part*.
Nous sommes laconiques.
Il sort.

SCENE V.

SIDNEY, *assis*.

DEPUIS qu'à ce parti mon esprit s'est rangé,
Du poids de mes ennuis je me sens soulagé ;
Nulle chaîne en effet n'arrête une ame ferme,
Et les maux ne sont rien quand on en voit le terme.
  (*Après avoir écrit quelques lignes.*)
O vous que j'adorai, dont j'aurois toujours dû
Chérir le tendre amour, les graces, la vertu,
Vous, dont mon inconstance empoisonna la vie,
Si vous vivez encor, ma chére Rosalie,
Vous verrez que mon cœur regretta nos liens ;
Des mains de mon ami vous recevrez mes biens ;
Il ne trahira point les soins dont ma tendresse
Le charge, en expirant, dans ces traits que je laisse.
  Il écrit.

SCENE VI.

SIDNEY, DUMONT.

DUMONT.

MA requête, Monsieur, touchant notre retour,
(A quoi vous répondrez, on ne sçait pas le jour)
M'avoit fait oublier ce paquet.....
  (*Il met les lettres sur la table.*)
            (*à part.*) Il envoie
Sans doute un homme à Londre ; usons de cette voie.
  (*Il prend une plume qu'il taille.*)

A iiij

SIDNEY, *écrivant.*
Que vas-tu faire ?
DUMONT.
Moi ? mes dépêches : Parbleu
Il faut mander du moins que je suis en ce lieu ;
Croïez-vous qu'on n'ait point aussi ses Connaissances ?
Vous m'avez fait manquer à toutes bienséances,
Partir sans dire adieu, se giter sans dire où,
Dans ma societé l'on me prend pour un fou ;
D'ailleurs quitter ainsi la bonne compagnie,
Monsieur, c'est être mort au milieu de sa vie :
Vous avez, il est vrai, des voisins amusants,
D'agréables Seigneurs, des Campagnards plaisants,
Qui vous diront du neuf sur de vieilles gazettes,
Cela fera vraiment des visites parfaites.
SIDNEY.
Console-toi, demain Londres te reverra ;
DUMONT.
Vous me ressuscitez, j'étois mort sans cela.
SIDNEY, *continuant d'écrire.*
Tu ne te fais donc point au pays où nous sommes ?
DUMONT.
Moi ! j'aime les pays où l'on trouve des hommes ;
Quel diable de jargon ! je ne vous connais plus,
Vous ne m'aviez pas fait au métier de reclus ;
Depuis votre retour du voyage de France,
Où mon goût près de vous me mit par préférence,
Je n'avois pas encor regretté mon pays,
Je me trouvais à Londre aussi bien qu'à Paris ;
J'étois dans le grand monde, employé près des Belles,
Je portois vos billets, j'étois bien reçu d'elles,
De l'amant en quartier on aime le Coureur,
Je remplissois la charge avec assez d'honneur ;

En un mot je menois un train de vie honnête,
Mais ici je me rouille, & je me trouve bête;
Ma foi nous faisons bien de partir promptement,
Et d'aller à la Cour notre unique élement;
Mais puisque nous partons, qu'est-il besoin d'écrire?
SIDNEY.
Tu pars, je reste moi:
DUMONT.
Quel chagrin vous inspire
Ce changement d'humeur, cette haine de tout,
Et l'étrange projet de s'ennuïer par goût?
Je devine à peu près d'où vient cette retraite,
Oui, c'est quelque noirceur que l'on vous aura faite;
Quelque femme, abrégeant son éternelle ardeur,
S'est-elle résignée à votre successeur?
Il est piquant pour moi, qui n'ai point de querelles,
Et suis en pleine paix avec toutes nos Belles
D'être forcé de vivre en ours, en hébété,
Parce que vous boudez, ou qu'on vous a quitté.
SIDNEY.
Chez Milord Hamilton tu porteras ma lettre.
DUMONT.
C'est de lui le paquet qu'on vient de me remettre;
Sur l'adresse du moins je l'imagine ainsi.
SIDNEY.
Comment, par quel hasard me sçait il donc ici?
(Il lit une Lettre & laisse les autres sans les ouvrir.)
Il me mande qu'il vient; mais j'ai quelques affaires
Que je voudrois finir en ces lieux solitaires;
Il faut, en te hâtant, l'empêcher de partir...
DUMONT.
Et vous laisser ici rêver, sécher, maigrir.

Entretenir des murs, des hiboux & des hêtres....
Mais j'ai vû quelquefois que vous lisiez vos lettres;
Dumont lit les adresses.
Ou je suis bien trompé, Monsieur, ou celle-ci
Est de quelque importance; elle est de la Cour...
SIDNEY, *l'ayant lûë.*

Oui,
Et j'ai ce Régiment.....
DUMONT.

Je ne me sens pas d'aise,
Allons, Monsieur, je vais préparer votre chaise,
Sans doute nous partons, il faut remercier....
Mais quel est ce mistére! Il est bien singulier
Qu'après tant de desirs, de poursuites, d'attente,
Obtenant à la fin l'objet qui vous contente,
Vous paraissiez l'apprendre avec tant de froideur!
SIDNEY, *écrivant toujours.*
Es-tu prêt de partir? J'ai fait:
DUMONT.

Sur mon honneur
Je reste confondu; cet état insensible,
Votre air froid, tout cela m'est incompréhensible,
Et si jusqu'à présent je ne vous avois vû
Un maintien raisonnable, un bon-sens reconnu,
Franchement je croirois..... excusez ce langage...
SIDNEY.
Va, mon pauvre Dumont, je ne suis que trop sage.
DUMONT.
Et pour nourrir l'ennui qui vous tient investi
Vous entretenez là vôtre plus grave ami;
Ce n'est qu'un Philosophe: au lieu de cette épitre

Qui traite sûrement quelque ennuïeux chapitre,
Que ne griffonnez-vous quelques propos plaisants
A ces autres amis toujours foux & brillants,
Qui n'ont pas le travers de réfléchir sans cesse ?
SIDNEY.
Pour des soins importans à lui seul je m'adresse ;
Tous ces autres amis, réünis par l'humeur,
Liés par les plaisirs, tiennent peu par le cœur ;
Je me fie au seul d'eux que je trouve estimable,
L'homme qui pense est seul un ami véritable.
DUMONT.
Du moins en vous quittant, je prétends vous laisser
En bonne compagnie ; on vient de m'adresser
Une Nimphe affligée, & qui lasse du monde,
Cache dans ce desert sa tristesse profonde ;
Cela sent l'avanture ; elle veut, m'à-t'on dit,
De ses petits malheurs vous faire le récit ;
Outre qu'elle est en pleurs, on dit qu'elle est charmante ;
Si cela va son train, gardez-moi la Suivante,
Vous sçavez là-dessus les usages d'honneur.
SIDNEY.
Laisse tes visions.
DUMONT.
    Des visions, Monsieur !
C'est parbleu du solide, & tel qu'on n'en tient guéres ;
J'ai lâché pour nous deux quelques préliminaires ;
Ne vous exposez pas à les desespérer,
Et pour tuer le temps laissez vous adorer ;
Irai-je en votre nom, comme l'honneur l'ordonne,
Leur dire . . . .
SIDNEY.
Laisse-moi, je ne veux voir personne.

DUMONT.

Oh! pour le coup, Monsieur, je vous tiens trépassé;
Vous ne sentez plus rien.
SIDNEY *se levant & emportant ce qu'il vient d'écrire.*
                    Attends-moi, j'ai laissé
Un papier important...... (*il sort.*)

SCENE VII.

DUMONT.

Je n'y puis rien connaître;
La tête, par ma foi, tourne à mon pauvre maître,
Et me voilà tout seul chargé de la raison
Et du gouvernement de toute la maison;
Il est blazé sur tout, tandis qu'un pauvre Diable
Comme moi, goûte tout, trouve tout admirable;
On est fort malheureux avec de pareils rats;
Je suis donc heureux, moi! je ne m'en doutois pas;
Il partira, s'il veut que je me mette en route;
Et sa lettre ... attendez ... Henri !
         HENRI *derriere le Theâtre.*
                    Monsieur !
         DUMONT.
                         Ecoute.
Il a beau commander, je ne partirai pas,
Son air m'allarme trop pour le quitter d'un pas.

SCENE VIII.
DUMONT, HENRI.

DUMONT.

Il faut aller à Londre, & porter une Lettre;
HENRI.
Deux, Monsieur, s'il le faut:
DUMONT.
    On va te la remettre....
Il est malade ou fou, peut-être tous les deux;
Quel est donc le malheur de tous ces gens heureux?
Ils nagent en pleine eau, quel diable les arrête?
HENRI.
Tenez, Monsieur Dumont, je ne suis qu'une bête;
Mais voïant nôtre maître & rêvant à part moi,
J'estime, en ruminant, avoir trouvé pourquoi;
Etant chez feu Monsieur, j'ons vû la compagnie;
J'ons entendu causer le monde dans la vie;
Tous ces grands Seigneurs-là ne sont jamais plaisans;
Ils n'ont pas l'air joïeux, ils attristent les gens;
Comme ils sont toujours bien, leur joïe est toute usée;
Vous ne les voïez plus jetter une risée;
Il leur faudroit du mal & du travail par fois,
Pour rire d'un bon cœur, parlez-moi d'un Bourgeois!
Mais pour en revenir au mal de notre maître,
Je sommes, voïez-vous, pour nous y bien connaître;
Puisque j'ons vû son pere aller le même train;
Il fera tout de même une mauvaise fin
Si cela continuë, & ce seroit dommage

Qu'un si brave Seigneur, si bon maître, si sage...
DUMONT.
Oüi vraiment; mais dis-moi qu'avoit son pere?
HENRI.
rien;
Le mal qui tuë ici ceux qui se portoient bien :
DUMONT.
Comment donc?
HENRI.
Ah! ma foi qui l'entendra, l'explique;
Je ne sçai si chez vous c'est la même rubrique
Comme en ce pays-cy; mais je voïons des gens
Qu'on ne soupçonnoit pas d'être foux en dedans,
Qui sans aucun sujet, sans nulle maladie,
Plantions là brusquement toute la compagnie,
Et de leur petit pas s'en vont chez les défunts
Sans prendre de témoins de peur des importuns;
Tenez, défunt son pere, honneur soit à son ame,
C'étoit un homme d'or, humain comme une femme;
Semblable à son enfant comme deux gouttes d'eau,
Si bien donc qu'il s'en vint dans ce même château,
Jadis il me parloit, il avoit l'ame bonne;
Or il ne parloit plus pour moi ni pour parsonne;
Mais la parole est libre, & cela n'étoit rien,
Je le voïons varmeil comme s'il étoit bien;
Point du tout, un biau jour, il dormit comme un diable;
Si bien qu'il dort encor; on trouva sur sa table
Un certain brimborion, où l'on sçut débrouiller
Qu'il s'étoit endormi pour ne plus s'éveiller;
C'étoit un grand esprit.

DUMONT.

C'étoit un très-sot homme ;
Le fils pourroit fort bien faire le second tome ;
Laisse-moi faire, il vient.... allons, va t'apprêter,
Reviens vîte.

SCENE IX.
SIDNEY, DUMONT.

SIDNEY.

Es-tu prêt ?

DUMONT.

Oui, tout prêt à rester ?

SIDNEY.

Comment ?

DUMONT.

J'ai réfléchi.... D'ailleurs l'inquiétude
Et puis de certains bruits sur votre solitude....

SIDNEY.

Quoi ! que t'a-t-on dit ? qui ?

DUMONT.

Je ne cite jamais ;
Il suffit qu'à vous voir triste dans cet excès,
Et changé tout à coup de goût & de génie
On vous croiroit brouillé, Monsieur, avec la vie ;
Vous ne venez, dit-on, ici vous enfoncer
Que pour vous y laisser lentement trépasser.

SIDNEY.

Où prends-tu cette idée ?

DUMONT.
Il est vrai qu'elle est folle ;
Mais la précaution n'est pas un soin frivole ;
La vie est un effet, dont je fais très-grand cas,
Et j'y veille pour vous si vous n'y veillez pas.
SIDNEY.
Dumont à ce propos s'aime donc bien au monde ?
DUMONT.
Moi ! Monsieur ? Mon projet, si le Ciel le seconde,
Est de vivre content jusqu'à mon dernier jour ;
On ne vit qu'une fois, & puisque j'ai mon tour,
Tant que je le pourrai, je tiendrai la partie ;
J'aurois été Heros sans l'amour de la vie,
Mais dans notre famille on se plaît ici-bas ;
Vous sçavez que des goûts on ne dispute pas ;
Mon pere & mes ayeux, dès avant le déluge,
Etoient dans mon systême, autant que je le juge,
Et mes futurs enfans, tant gredins que Seigneurs,
Seront du même goût, ou descendront d'ailleurs :
Les Grands ont le brillant d'une mort qu'on publie,
Nous autres bonnes gens, nous n'avons que la vie ;
Nous avons de la peine il est vrai, mais enfin
Aujourd'hui l'on est mal, on sera mieux demain ;
En quelque état qu'on soit, il n'est rien tel que d'être...
SIDNEY.
Laisse là ton sermon, & va porter ma Lettre.
DUMONT.
J'en suis fâché, Monsieur, cela ne se peut pas ;
SIDNEY.
De vos petits propos à la fin je suis las ;
J'aime assez, quand je parle, à voir qu'on obéisse,

Et

Et quand un valet fat montre quelque caprice,
Je sçai congédier :

DUMONT,
     Aïez des sentimens!
Voilà tout ce qu'on gagne à trop aimer les gens ;
Est-ce pour mon plaisir (j'enrage quand j'y pense)
Que je demeure ici ? La belle jouissance !
Si mon attachement.....

SIDNEY.
     Cessez de m'ennuïer ;
Et partez, ou sinon.... (*On entend le bruit d'un fouet.*)

DUMONT.
     Voilà votre courier ;
    (*Henri paraît.*)

SIDNEY.
Qui ?

DUMONT.
Lui ; c'est mon Commis.

SCENE X.
SIDNEY, DUMONT, HENRI.

SIDNEY à *Dumont*.

Faquin, quel est le maître ?

DUMONT.
Monsieur, je sçai fort bien que c'est à vous à l'être ;
Mais enfin dans la vie il est de certains cas....
Battez-moi, tuez-moi, je ne partirai pas ,
Je ne puis vous quitter dans l'état où vous êtes ;
Et plus vous me pressez, plus mes craintes secrétes.

B

SIDNEY.

Henri, partez pour Londre, & portez dans l'inſtant
A Milord Hamilton ce paquet important;
Vous, ſortez de chez moi, faites votre mémoire,
Après quoi partez :   (*Il ſort*)

DUMONT.

Bon, me voilà dans ma gloire;
Vous me chaſſez, tant mieux, je m'appartiens; ainſi
Je m'ordonne ſéjour, moi, dans ce pays-ci....
Il n'aura pas le cœur de me quitter, il m'aime,
Et je veux le ſauver de ce caprice extrême :
Les Maîtres cependant ſont des gens bien heureux
Que ſouvent nous aïons le ſens commun pour eux.

ACTE II.

SCENE PREMIERE.
HAMILTON, DUMONT.

DUMONT.

Vous me tirez, Monsieur, d'une très-grande peine,
Et je benis cent fois l'instant qui vous améne ;
Voïez mon pauvre maître, & traitez son cerveau ;
Peut-être sçaurez-vous par quel travers nouveau
Lui-même il se condamne à cette solitude,
Et s'il veut, malgré moi, s'en faire une habitude :
Il vient de vous écrire, & sans doute ici-près
Vous aurez en chemin rencontré son Exprès.

HAMILTON.

Non ; mais j'ai remarqué, traversant l'avenue,
Deux femmes, dont je crois que l'une m'est connue ;
Mais ma chaise a passé, je n'ai pû les bien voir ;
T'a-t'on dit ce que c'est ? Pourroit-on le sçavoir ?

DUMONT.

Je devine à peu près ; au pays où nous sommes,
Il faut, Monsieur, qu'il soit grande disette d'hommes ;
Dès qu'on a sçû mon maître établi dans ces lieux,
Ambassade aussi-tôt, sans prélude ennuïeux ;
Mais lui, comme il n'est plus qu'une froide statue,
Il a tout nettement refusé l'entrevûe ;

Moi, qui ne suis point fait à de telles rigueurs,
Je prétends m'en charger, j'en ferai les honneurs,
Je les prends pour mon compte, & je sçai trop le monde ;
Si le cœur vous en dit....

HAMILTON.

Va, fais qu'on te réponde,
Instruis-toi de leurs noms.... Mais est-il averti ?

DUMONT.

Oui, j'ai fait annoncer que vous êtes ici ;
Il proméne ici-près sa rêverie austére ;
Vous l'avez vû là-bas changer de caractere,
De ses meilleurs amis éviter l'entretien,
Tout fuir jusqu'aux plaisirs ; tout cela n'étoit rien.

HAMILTON.

Mais que peut-il avoir ? Quelle seroit la cause....

DUMONT.

Il seroit trop heureux s'il avoit quelque chose,
Mais ma foi je le crois affligé sans objet.

HAMILTON.

De ce voïage au moins dit-il quelque sujet ?

DUMONT.

Bon ; parle-t'il encor ? Se taire, est sa folie ;
Ce qu'il vient d'ordonner, sur le champ il l'oublie ;
Il m'avoit chassé, moi, malgré notre amitié,
Et j'enrageois très-fort d'être congédié ;
Quelques momens après je sers à l'ordinaire,
Il dîne, sans me dire un mot de notre affaire ;
Voilà ce qui m'afflige, & non sans fondement ;
Je l'aimerois bien mieux brutal, extravagant,
Je lui croirois la fièvre, & puisqu'il faut le dire
Je voudrois pour son bien qu'il n'eût qu'un bon délire ;

On sçauroit le reméde en connaissant le mal;
Mais par un incident & bizare & fatal,
Grave dans ses travers, tranquile en sa manie;
Il est fou de sang-froid, fou par philosophie,
Indifferent à tout comme s'il étoit mort;
Il n'auroit autrefois reçû qu'avec transport
Un Régiment; Eh bien, il en a la nouvelle
Sans qu'au moindre plaisir ce titre le rappelle:
Il avoit, m'a-t'on dit, certain pere autrefois
Qui cachant, comme lui, sous un maintien sournois
Sa tristesse, ou plûtôt sa démence profonde,
Ici même un beau jour s'escamotta du monde;
C'est un tic de famille, & j'en suis pénétré,
Enfin sans vous, Monsieur, c'est un homme enterré;
Voïez, interrogez, il vous croit, il vous aime,
Je vous laisserai seuls.... Mais le voici lui-même.

SCENE II.

SIDNEY, HAMILTON.

HAMILTON.

J'AI voulu le premier vous faire compliment
Ami; c'étoit trop peu qu'écrire simplement,
Et je viens vous marquer dans l'ardeur la plus vive
Combien je suis heureux du bien qui vous arrive;
Mais je suis fort surpris de vous voir en ce jour
Un air si peu sensible aux graces de la Cour.

SIDNEY.

Je vais vous avouer avec cette franchise
Que l'amitié sincére entre nous autorise.

Que j'aurois mieux aimé, je vous le dis sans tard,
Ne vous avoir ici que quelques jours plus tard ;
Dans ce même moment on vous porte ma Lettre
Sur un point important qui ne peut se remettre,
Et si vous entriez dans mes vrais intérêts....

HAMILTON.

Je vous laisserois seul dans vos tristes forêts ?
Je ne vous conçois pas ; cet emploi qu'on vous donne
Pour en remercier, vous demande en personne ;
Quoi ! restez-vous ici ?

SIDNEY.

Je ne vous cache pas
Que dégoûté du monde, ennuïé du fracas,
Fatigué de la Cour, excédé de la Ville,
Je ne puis être bien que dans ce libre azile.

HAMILTON.

Mais enfin, au moment où vous êtes placé,
Ce projet de retraite aura l'air peu sensé,
Et sur quelques motifs que votre goût se fonde,
Vous allez vous donner un travers dans le monde ;
Il ne lui faut jamais donner légérement
Ces spectacles d'humeur, qu'on soutient rarement ;
On le quitte, on s'ennuïe, on souffre, on dissimule,
On revient à la fin, on revient ridicule ;
Un mécontent d'ailleurs est bien-tôt oublié,
Tout meurt, faveur, fortune, & jusqu'à l'amitié,
Son histoire est finie, il s'exile, on s'en passe,
Et lorsqu'il reparait, d'autres ont pris la place :
Ne peut-on autrement échaper au cahos ?
Pour s'éloigner du bruit, pour trouver le repos,
Faut-il fuir tout commerce & s'enterrer d'avance ?

L'homme sensé, qu'au monde attache sa naissance,
Sans quitter ses devoirs, sans changer de séjour,
Peut vivre solitaire au milieu de la Cour;
S'affranchir sans éclat, ne voir que ce qu'on aime,
Ne renoncer à rien, voilà le seul sistême :
Mais parlez-moi plus vrai; d'où vous vient ce dessein
Quel chagrin avez-vous ?

SIDNEY.

Moi, je n'ai nul chagrin,
Nul sujet d'en avoir :

HAMILTON,

C'est donc misanthropie;
Prévenez, croïez-moi, cette sombre manie;
Quels que soient les Humains, il faut vivre avec eux,
Un homme difficile est toujours malheureux,
Il faut sçavoir nous faire au pays où nous sommes ;
Au siécle où nous vivons :

SIDNEY.

Je ne hais point les hommes,
Ami, je ne suis point de ces esprits outrés,
De leurs contemporains ennemis déclarés,
Qui ne trouvant ni vrai, ni raison, ni droiture,
Meurent, en médisant de toute la nature ;
Les Hommes ne sont point dignes de ce mépris,
Il en est de pervers, mais dans tous les pays
Où l'ardeur de m'instruire a conduit ma jeunesse,
J'ai connu des vertus, j'ai trouvé la sagesse,
J'ai trouvé des raisons d'aimer l'Humanité,
De respecter les nœuds de la Société,
Et n'ai jamais connu ces plaisirs détestables
D'offenser, d'affliger, de haïr mes semblables.

HAMILTON.

Pourquoi donc à les fuir êtes-vous obstiné ?
SIDNEY.
Qu'auriez-vous fait vous-même ? aux ennuis condamné,
Accablé du fardeau d'une tristesse extrême,
Réduit au sort affreux d'être à charge à moi-même,
J'épargne aux yeux d'autrui l'objet fastidieux
D'homme ennuïé partout & partout ennuïeux ;
C'est un état qu'en vain vous voudriez combattre ;
Insensible aux plaisirs, dont j'étois idolâtre,
Je ne les connais plus, je ne trouve aujourd'hui
Dans ces mêmes plaisirs que le vuide & l'ennui :
Cette uniformité des Scénes de la vie
Ne peut plus réveiller mon ame appesantie ;
Ce cercle d'embarras, d'intrigues, de projets,
Ne doit nous ramener que les mêmes objets,
Et par l'expérience instruit à les connaître,
Je reste sans desirs sur tout ce qui doit être :
Dans le brillant fracas où j'ai long-tems vêcu,
J'ai tout vû, tout goûté, tout revû, tout connu,
J'ai rempli pour ma part ce Theâtre frivole ;
Si chacun n'y restoit que le tems de son rôle,
Tout seroit à sa place, & l'on ne verroit pas
Tant de gens éternels dont le Public est las :
Le monde, usé pour moi, n'a plus rien qui me touche ;
Et c'est pour lui sauver un rêveur si farouche,
Qu'étranger desormais à la Societé,
Je viens de mes deserts chercher l'obscurité.
HAMILTON.
Quelle fausse raison, cher ami, vous égare
Jusqu'à croire défendre un projet si bisare :

Si vous avez goûté tous les biens des Humains,
Si vous les connaissez, le choix est dans vos mains,
Bornez-vous aux plus vrais, & laissez les chiméres
Dont le repentir suit les lueurs passagéres :
Quel fut votre bonheur ! à présent sans desirs
Vous avez, dites-vous, connu tous les plaisirs;
Eh quoi ! n'en est il point au-dessus de l'ivresse
Où le monde a plongé notre aveugle jeunesse ?
Ce tourbillon brillant des folles passions,
Cette Scéne d'erreurs, d'excès, d'illusions,
Du bonheur des mortels bornent-ils donc la sphére ?
La Raison à nos vœux ouvre une autre carriére;
Croïez-moi, cher ami, nous n'avons pas vécu;
Emploïer ses talens, son tems, & sa vertu,
Servir au bien public, illustrer sa patrie,
Penser enfin, c'est-là que commence la vie,
Voilà les vrais plaisirs dignes de tous nos vœux;
La volupté par qui l'honnête-homme est heureux;
Notre ame pour ces biens est toute neuve encore....
Vous ne m'écoutez pas ! quel chagrin vous dévore ?

SIDNEY.

Je connais la raison, votre voix me l'apprend,
Mais que peut-elle enfin contre le sentiment?
Marchez dans la carriére, où j'aurois dû vous suivre;
Pour moi, je perds déja l'espérance de vivre;
En vain à mes regards vous offrez le tableau
D'une nouvelle vie, & d'un bonheur nouveau;
Tout vrai bonheur dépend de notre façon d'être,
Mon état desormais est de n'en plus connaître;
Privé du sentiment, & mort à tout plaisir,
Mon cœur anéanti n'est plus fait pour jouir.

HAMILTON.

Connaissez votre erreur ; cet état méprisable,
Ce néant deshonore une ame raisonnable ;
Quand il vous faudroit fuir le monde & l'embarras,
L'homme qui sçait penser ne se suffit-il pas ?
Dans cet ennui de tout, dans ce dégoût extrême,
Ne vous reste-t'il point à jouir de vous-même ?
Pour vivre avec douceur, cher ami, croïez-moi,
Le grand art est d'apprendre à bien vivre avec soi,
Heureux de se trouver, & digne de se plaire ;
Je ne conseille point une retraite entiére,
Partagez votre goût & votre liberté
Entre la solitude & la Societé ;
Des jours passés ici dans une paix profonde
Vous feront souhaiter le commerce du monde ;
L'absence, le besoin vous rendront des desirs,
Il faut un intervalle, un repos aux plaisirs,
Leur nombre accable enfin, le sentiment s'épuise,
Et l'on doit se priver pour qu'il se reproduise ;
Vous en êtes l'exemple, & tout votre malheur
N'est que la lassitude & l'abus du bonheur :
Ne me redites pas que vous n'êtes point maître
De ces noirs sentimens, on est ce qu'on veut être ;
Souverain de son cœur, l'homme fait son état,
Et rien sans son aveu ne l'éleve où l'abbat ;
Mais enfin parlez-moi sans fard, sans défiances,
Quelque dérangement, causé par vos dépenses,
N'est-il point le sujet de ces secrets dégoûts ?
Je puis tout réparer, ma fortune est à vous.

SIDNEY.

Je sens, comme je dois, ces procédés sincéres,
Mais nul désordre, ami, n'a troublé mes affaires ;

Vous verrez quelque jour, que du côté du bien
J'étois fort en repos, & que je ne dois rien.
HAMILTON.
Ami, vous m'affligez, votre état m'inquiéte,
Ce sinistre discours ....
SIDNEY.
Peut-être la retraite
Sçaura me délivrer de tous ces sentimens;
Il faut, pour m'y fixer, quelques arrangemens,
Ma Lettre vous instruit, suivez mon espérance,
Tout mon repos dépend de votre diligence :
Au reste, en attendant que j'aille au premier jour
De ce nouveau bienfait remercier la Cour,
Vous m'y justifierez ; d'une pareille absence
Ma mauvaise santé sauvera l'indécence ;
Après ces soins remplis, je vous attends ici,
Partez, si vous aimez un malheureux ami.

SCENE III.
HAMILTON.

CE ton mistérieux, cette étrange conduite
Ne m'assurent que trop du transport qui l'agite ;
Il cache sûrement quelque dessein cruel,
Et sa tranquillité n'a point l'air naturel ....

SCENE IV.
HAMILTON, HENRI.
HENRI.

ON m'a dit votre nom à la poste prochaine
Monsieur; d'aller plus loin je n'ons pas pris la peine;
Notre maître vers vous nous envoïoit d'ici,
Mais puisque vous voilà, voici la Lettre aussi.

HAMILTON.
Donne; cela suffit; tu peux aller lui dire
Qu'elle est entre mes mains:

SCENE V.
HAMILTON.

Qu'a-t-il donc pu m'écrire?
(Il lit.)

» Recevez, cher ami, mes éternels adieux;
» Vous sçavez à quel point j'adorai Rosalie,
» Et que j'osai trahir un amour vertueux;
» J'ignore son destin: si la rigueur des Cieux
» Permet qu'on la retrouve & conserve sa vie,
» Je lui donne mes biens par l'écrit que voici,
» Et remets son bonheur aux soins de mon ami;
» Daignez tout conserver, si sa mort est certaine;
» Epargnez sur mon sort des regrets superflus,
» J'étois lassé de vivre, & je brise ma chaine;
» Quand vous lirez ceci, je n'existerai plus.
»SIDNEY.

Quel déplorable excès, & quelle frénésie !
Allons le retrouver, prévenons sa furie.

SCENE VI.

SIDNEY *entrant d'un air égaré.* HAMILTON.

HAMILTON *après l'avoir embrassé en silence.*

Reprenez ce dépôt qui me glace d'effroi ;
Vous me trompiez, cruel ! (*Il lui rend sa Lettre.*)

SIDNEY.

Que voulez-vous de moi ?
Puisque vous sçavez tout, plaignez un misérable ;
Ma funeste existence est un poids qui m'accable ;
Je vous ai déguisé ma triste extrémité,
Ce n'est point seulement insensibilité,
Dégoût de l'Univers à qui le sort me lie ;
C'est ennui de moi-même, & haine de ma vie ;
Je les ai combattus, mais inutilement,
Ce dégoût desormais est mon seul sentiment ;
Cette haine, attachée aux restes de mon être,
A pris un ascendant dont je ne suis plus maître ;
Mon cœur, mes sens fiétris, ma funeste raison,
Tout me dit d'abréger le temps de ma prison :
Faut-il donc sans honneur attendre la vieillesse,
Traînant pour tout destin les regrets, la foiblesse,
Pour objet éternel l'affreuse Vérité,
Et pour tout sentiment l'ennui d'avoir été ?
C'est au stupide, au lâche à plier sous la peine
A ramper, à vieillir sous le poids de sa chaîne ;
Mais vous en conviendrez, quand on sçait réfléchir ;
Malheureux sans reméde, on doit sçavoir finir.

HAMILTON.

Dans quel coupable oubli vous plonge ce délire !
Que la Raison sur vous reprenne son empire,
Un frein sacré s'oppose à votre cruauté :
Vous vous devez d'ailleurs à la Société,
Vous n'êtes point à vous, le temps, les biens, la vie,
Rien ne nous appartient, tout est à la Patrie.
Les jours de l'honnête homme, au conseil, au combat,
Sont le vrai patrimoine, & le bien de l'Etat :
Venez remplir le rang où vous devez paraître,
Votre esprit occupé va prendre un nouvel être
Tout renaîtra pour vous.... Mais helas ! je vous voi
Plongé dans un repos, qui me remplit d'effroi :
Quoi ! sans appréhender l'horreur de ce passage,
Vous suivrez de sang-froid dans leur fatal courage
Ces Heros insensés.......

SIDNEY.

     Ce courage n'est rien,
Je suis mal où je suis, & je veux être bien,
Voilà tout ; je n'ai point l'espoir d'être célèbre,
Ni l'ardeur d'obtenir quelque éloge funebre,
Et j'ignore pourquoi l'on vante en certains lieux
Un procédé tout simple à qui veut être mieux ;
D'ailleurs que suis-je au monde ? une foible partie
Peut bien, sans nuire au Tout, en être désunie ;
A la Société je ne fais aucun tort,
Tout ira comme avant ma naissance & ma mort ;
Peu de gens, selon moi, sont assez d'importance
Pour que cet Univers remarque leur absence.

HAMILTON.

Continuez cruel, calme dans vos fureurs,
Faites-vous des raisons de vos propres erreurs ;

Mais l'amitié du moins n'est-elle point capable
De vous rendre la vie encore desirable ?
SIDNEY.
Dans l'état où je suis, on pése à l'amitié,
Je ne puis desirer que d'en être oublié.
HAMILTON.
Vous m'offensez, Sidney, quand votre ame incertaine
Peut douter de mon zéle à partager sa peine :
Mais cette Rosalie, adorée autrefois,
Sur ce jour qui vous luit n'a-t'elle point des droits ?
Sont-ce là les conseils que l'amour vous inspire ?
Que ne la cherchez-vous ? sans doute elle respire,
Sans doute vous pourrez la revoir quelque jour.
SIDNEY.
Ah ! ne me parlez point d'un malheureux amour;
Je l'ai trop outragé; méprisable, infidelle,
Quand je la reverrois, suis-je encor digne d'elle ?
Et les derniers soupirs d'un cœur anéanti,
Sont-ils faits pour l'amour qu'autrefois j'ai senti ?
Témoin de mes erreurs, vous n'avez pû comprendre
Comment j'abandonnai l'amante la plus tendre,
Le sçavois-je moi-même ? égaré, vicieux,
Je ne méritois pas ce bonheur vertueux,
Ce cœur, fait pour l'honneur comme pour la tendresse,
Que j'aurois respecté jusques dans sa foiblesse ;
Lui promettant ma main, j'avois fixé son cœur,
Je la trompois ; enfin lassé de sa rigueur,
Lassé de sa vertu, j'abandonnai ses charmes,
J'affligeai l'amour même ; indigne de ses larmes ;
Je promenai partout mes aveugles desirs,
J'aimai sans estimer, triste au sein des plaisirs ;

Errant loin de nos bords, j'oubliai Rosalie,
Elle avoit disparu, pleurant ma persidie;
Hélas ! peut-être, ami, j'aurai causé sa mort;
Depuis que je suis las du monde, & de mon sort,
Au moment de finir ma vie, & mon supplice,
J'ai voulu réparer ma honteuse injustice;
Pour lui donner mes biens, comme vous sçavez tout;
Je l'ai cherchée à Londre, aux environs, partout,
Mais depuis plus d'un mois, les recherches sont vaines.
HAMILTON.
Du soin de la trouver, fiez-vous à mes peines;
SIDNEY.
Non, quand je le pourrois, je ne la verrois plus;
Mes sentimens troublés, tous mes sens confondus,
Tout me sépare d'elle, & mon ame éclipsée
De ma fin seule, ami, conserve la pensée;
Je ne voulois sçavoir sa retraite & son sort
Que pour la rendre heureuse, au moins après ma mort;
Et ne prétendois pas à reporter près d'elle
Un cœur déja frappé de l'atteinte mortelle.
HAMILTON.
Elle oubliera vos torts, en voyant vos regrets;
L'amour pardonne tout; laissez d'affreux projets;
Différez-les du moins, rassurez ma tendresse,
Votre ame fut toujours faite pour la sagesse,
Vous entendrez sa voix, vous vaincrez vos dégoûts;
Je ne veux que du tems, me le promettez-vous ?
Mon cher Sidney, parlez:
SIDNEY.
      J'ai honte de moi-même.
Laissez un malheureux qui vous craint, & vous aime....

(*Dumont parait.*)

J'ai

J'ai besoin d'être seul... Je vous promets, ami,
De revenir dans peu vous retrouver ici.
HAMILTON.
Non, je vous suis.

SCENE VII.
HAMILTON, DUMONT.

DUMONT, *arrêtant Hamilton qui sort.*

Monsieur, un mot de conséquence.
HAMILTON.
Hâte-toi, je crains tout.
DUMONT.
Quoi ! son extravagance...
HAMILTON.
Il veut se perdre, il faut observer tous ses pas ;
Le sauver de lui-même ;
DUMONT.
Oh ! je ne le crains pas !
J'ai pris ses pistolets, son arsenal est vuidé,
Et j'ai sçu m'emparer de tout meuble homicide,
Consignez-moi sa vie en toute sureté,
S'il vous voit à le suivre un soin trop affecté,
Il pourroit bien....
HAMILTON.
Va donc, ne le perds point de vûe ;
Vois si je puis entrer.
DUMONT, *revenant sur ses pas.*
A propos, l'inconnue...

C

Mais ce goût de mourir, Monsieur, il faut ma foi,
Que cela soit dans l'air, & j'en tremble pour moi ;
Ce travers tient aussi l'une des Pelerines,
J'ignore le sujet de ses vapeurs chagrines,
Vous allez le sçavoir, ma course a réussi.
Mon maître est réformé, c'est vous qu'on veut ici,
Elle dit vous connaître, elle est ma foi jolie,
Cela rappelleroit le défunt à la vie ;
Des façons, des propos, des yeux à sentimens,
Un certain jargon tendre, imité des Romans,
Tout cela..... vous verrez : on vient, je croi... c'est elle,
Je cours dans mon donjon me mettre en sentinelle.

SCENE VIII.

ROSALIE. HAMILTON.

Que vois-je, Rosalie ! Ah quel moment heureux !
Que je bénis le sort qui vous rend à nos vœux !

ROSALIE.

Ces transports sont-ils faits pour une infortunée
Prête à voir terminer sa triste destinée !
J'ose à peine élever mes regards jusqu'à vous,
Quelle étrange démarche ! Ah dans des tems plus doux
J'étois bien sûre, hélas ! d'obtenir votre estime ;
Mais de tout au malheur on fait toujours un crime,
Vous me condamnez.

HAMILTON.

Non, vivez, cet heureux jour,
N'est point fait pour les pleurs, il est fait pour l'amour.

COMEDIE.

ROSALIE.
Que dites-vous, ô Ciel! ma surprise m'accable....
HAMILTON.
Sidney dans les remords......
ROSALIE.
Quel songe favorable!
Il m'aimeroit encore!
HAMILTON.
Il est digne de vous;
Vous finirez ses maux, il sera votre époux.
ROSALIE.
Laissez-moi respirer, vous me rendez la vie,
Quel heureux changement dans mon ame ravie!
Tous mes jours ressembloient au moment de la mort;
Mais ne flattez-vous point un crédule transport?
HAMILTON.
Non, croïez votre cœur, vous êtes adorée;
Mais par quel heureux sort, en ces lieux retirée...
ROSALIE.
Je n'ai point à rougir aux yeux de l'amitié,
Vous connaissez mon cœur, il est justifié:
Oui, je l'aimois encor même sans espérance,
C'est un bien que n'a pû m'ôter son inconstance;
Et si malgré l'excès de mon accablement,
J'ai vécu jusqu'ici, c'est par ce sentiment;
Victime du malheur, quand Sidney m'eut trahie,
Privée au même temps d'une mere chérie;
Je vins cacher mes pleurs, & fixer mon destin
Auprès d'une parente en ce château voisin;
Mais loin de voir calmer ma vive inquiétude,
Je retrouvai l'amour dans cette solitude;
Voisine de ces lieux soumis à mon amant,

C ij

J'y venois, malgré moi, rêver incessament,
Tout m'y parloit de lui, tout m'offroit son image,
J'avois tout l'Univers dans ce séjour sauvage ;
Mille fois j'ai voulu fuir dans d'autres deserts,
Mais un charme secret m'attachoit à mes fers ;
Après quatro ans entiers d'une vie inconnuë,
Quel trouble me saisit, quand j'appris sa venue !
Pour la derniere fois je voulois lui parler,
Des adieux de l'amour je venois l'accabler ;
Je succombois sans doute à ma douleur mortelle,
Si je ne l'eusse vû que toujours infidelle ;
Mais pourquoi retarder le bonheur de nous voir ?
Venez, guidez mes pas, & comblez mon espoir.

HAMILTON.

Commandez un moment à votre impatience,
Je conçois pour vos vœux la plus sûre espérance,
Mais il me faut d'abord disposer votre amant
Au charme inespéré de cet heureux moment.
Il est dans la douleur, égaré, solitaire.......
Je vous éclaircirai ce funeste mistére ;
Qu'il vous suffise ici de sçavoir qu'en ce jour,
Fidéle, heureux par vous, il vivra pour l'amour :
Je différe à regret l'instant de votre joie,
Mais enfin, avant vous, il faut que je le voi.

ROSALIE.

Tous ces retardemens me pénétrent d'effroi......
Vous me trompez ; Sidney ne pensoit plus à moi.

HAMILTON.

Je ne vous trompe pas ; si je pouvois vous dire,
Ce qu'il faisoit pour vous ;.... mais non, je me retire ;
Je vais hâter l'instant que nous desirons tous.

COMEDIE.

ROSALIE.

Du destin de mes jours je me remets à vous,
Songez que ces délais, dont mon ame est saisie,
Sont autant de momens retranchés à ma vie.

ACTE III.

SCENE PREMIERE.

SIDNEY.

C'EN est donc fait enfin, tout est fini pour moi !
Ce breuvage fatal, que j'ai pris sans effroi,
Enchaînant tous mes sens dans une mort tranquile,
Va du dernier sommeil assoupir cette argile !
Nul regret, nul remords ne trouble ma raison ;
L'esclave est-il coupable en brisant sa prison ?
Le Juge, qui m'attend dans cette nuit obscure,
Est le pere & l'ami de toute la nature ;
Rempli de sa bonté, mon esprit immortel
Va tomber, sans frémir, dans son sein paternel.

SCENE II.
SIDNEY, HAMILTON.
HAMILTON.

Qu'aux peines d'un ami vous êtes peu sensible !
Pourquoi donc, cher Sidney, vous rendre inaccessible ?
Depuis une heure entiere en vain je veux vous voir
Et dissiper l'horreur d'un cruel desespoir ;
Je n'ai pû pénétrer dans votre solitude :
Enfin vous m'arrachez à mon inquiétude,
Et la Raison sur vous va reprendre ses droits.

SIDNEY.
Embrassons-nous, ami, pour la derniere fois.

HAMILTON.
Quel langage accablant ! dans cette léthargie,
Quoi ! je retrouve encor votre ame ensevelie.

SIDNEY.
De mes derniers desirs, de ma vive douleur,
J'ai déposé l'espoir au fonds de votre cœur ;
Que mon attente un jour par vos soins soit remplie ;
Si la mort a frappé la triste Rosalie....

HAMILTON.
Non, elle vit pour vous ; répondez par pitié,
Répondez à l'espoir, aux vœux de l'amitié,
Parlez, si Rosalie à votre amour rendue,
Dans ces lieux, aujourd'hui, s'offroit à votre vûe.
Telle encor qu'elle étoit dans ces heureux momens
Où vous renouvelliez les plus tendres sermens,
Sensible à vos remords, oubliant votre offence,
Fidelle à son amour malgré votre inconstance,

Enfin avec ces traits, cette ingénuité,
Cet air intéreffant qui pare la beauté,
Pourriez-vous réfifter à l'amour de la vie,
Au charme de revoir une amante attendrie,
De faire fon bonheur, de réparer vos torts,
De partager fes vœux, fa vie & fes tranfports ?
SIDNEY.
Je rendrois grace au Ciel de l'avoir conservée ;
Vous fçavez mes projets, fi je l'euffe trouvée,
Je recommanderois fon bonheur à vos foins,
Mais dans ce même jour, je ne mourrois pas moins.
HAMILTON.
Puifqu'en vain l'Amitié vous conseille & vous prie,
L'Amour doit commander ; paraiffez Rofalie.
SIDNEY.
Rofalie !.... Eft-ce un fonge ? en croirai-je mes yeux ?
Vous, Rofalie, ô Ciel ! & dans ces triftes lieux !

SCENE III.

ROSALIE, SIDNEY, HAMILTON.

ROSALIE.

Oui, c'eft moi, qui malgré mon injure & ma peine
N'ai jamais pû pour vous me réfoudre à la haine,
C'eft moi qui viens jouir d'un repentir heureux,
Votre cœur m'appartient puifqu'il eft vertueux....
Mais que vois-je ! eft-ce là l'effet de ma préfence ?
On me trompe, Hamilton ; ce farouche filence....

SIDNEY.

Confondu des chagrins que j'ai pû vous causer,
Que répondre, quand tout s'unit pour m'accuser ?
Vous daignez oublier, mes fureurs, mon caprice ;
Puis-je m'en pardonner la cruelle injustice ?
Du sort, sans murmurer, je dois subir les coups,
Je ne méritois pas le bonheur d'être à vous !

ROSALIE.

J'ai pleuré vos erreurs, j'ai plaint votre foiblesse,
Mais mon malheur jamais n'altéra ma tendresse.

SIDNEY.

Ne me regrettez plus ; c'est pour votre bonheur
Qu'à d'autres passions le Ciel livra mon cœur ;
L'état que m'aprêtoient mes tristes destinées
Auroit semé d'ennuis vos plus belles journées ;
Le destin vous devoit des jours pleins de douceur ;
Mon triste caractere eût fait votre malheur.

ROSALIE.

Le pouvez-vous penser ? Quelle injustice extrême !
Est-il quelques malheurs, aimé de ce qu'on aime !
Sensible à vos chagrins, & sans m'en accabler,
Je ne les aurois vûs que pour vous consoler ;
Si mes soins redoublés, si ma vive tendresse,
N'avoient pû vous guérir d'une sombre tristesse,
Je l'aurois partagée, & sans autres desirs,
J'aurois du monde entier oublié les plaisirs,
Rosalie avec vous ne pouvoit qu'être heureuse.

SIDNEY.

Vous ne connaissez pas ma destinée affreuse ;
Insensible à la vie au milieu de mes jours,
Il m'étoit réservé d'en détester le cours,

De voir pour l'ennui seul renaître mes journées,
Et de marquer moi-même un terme à mes années.
ROSALIE.
Que dites-vous, cruel, quelle aveugle fureur
Vous inspire un dessein qui fait frémir mon cœur ?
Calmez l'état affreux d'une amante allarmée ;
Vous aimeriez vos jours, si j'étois plus aimée ;
Dans le sein des vertus, dans les nœuds les plus doux,
L'image du bonheur s'offrant encor à vous,
Affranchiroit vos sens d'une langueur mortelle ;
Le véritable amour donne une ame nouvelle ;
Sans doute l'union de deux cœurs vertueux
L'un pour l'autre formés, & l'un par l'autre heureux,
Est faite pour calmer toute aveugle furie,
Pour adoucir les maux, pour embellir la vie.
SIDNEY.
Qu'entends-je ! je pouvois me voir encor heureux !
Quel bandeau tout à coup est tombé de mes yeux ?
Tout étoit éclipsé, tout pour moi se ranime,
Et tout dans un moment retombe dans l'abime !
Quel mélange accablant de tendresse & d'horreur,
D'un côté Rosalie ! & de l'autre..... O douleur !
Malheureux ! Qu'ai-je fait ?... Fuyez....
ROSALIE.
      De ma tendresse
Voilà donc tout le prix ! (*à Hamilton*)
        vous trompiez ma foiblesse !
(*Elle veut sortir.*)
  SIDNEY *se jettant aux genoux de Rosalie.*
Non, s'il vous a juré mon sincere retour,
S'il a peint les transports d'un immortel amour ;

Il ne vous trompoit pas, ma chere Rosalie.
Je déteste à vos pieds le crime de ma vie,
Je déteste ces jours où l'erreur enchaînoit
Les sentimens d'un cœur qui vous appartenoit :
Ah ! si par mes fureurs vous fûtes outragée,
Si je fus criminel, vous êtes trop vengée ;
L'Amour pour me punir attendoit ce moment.

ROSALIE.

Que dites-vous, Sidney ? Quel triste égarement...

SIDNEY.

Je ne dis que trop vrai ; plaignez mon sort funeste ;
Au sein de mon bonheur le desespoir me reste ;
L'Amour rallume en vain ses plus tendres transports,
Mon cœur n'appartient plus qu'à l'horreur des remords;
Oui, d'une illusion échapée à ma vûe
Je découvre trop tard l'effraïante étendue :
Quels lieux vous déroboient ? Quelle aveugle fureur
Egara ma raison, & combla mon malheur !

ROSALIE.

Laissons des maux passés l'image déplorable,
Non, mon cœur ne sçait plus que vous fûtes coupable ;
Je vous vois tel encor que dans ces jours heureux,
Où l'amour & l'honneur devoient former nos nœuds.
Mais, pourquoi me causer de nouvelles allarmes ?
Vous vous troublez ; vos yeux se remplissent de larmes.

SIDNEY.

Vaine félicité qu'empoisonne l'horreur !
Oubliez un barbare, indigne du bonheur ;
Je vous revois trop tard, ma chere Rosalie,
Je vous perds à jamais, c'en est fait de ma vie :
Je touche, en frémissant, aux bornes de mon sort,

COMEDIE.

Oui, cette nuit me livre au sommeil de la mort;
Apprenez, déplorez le plus affreux délire,
Vous m'aviez dit trop vrai, le voile se déchire,
Je suis un furieux que l'erreur a conduit,
Que la terre condamne, & que le ciel poursuit.

Il donne à lire à Rosalie la lettre écrite à Hamilton.

Voïez ce que pour vous mon amour voulut faire
Dans les extrémités d'un malheur nécessaire....

ROSALIE.

Que vois-je ! aïez pitié de mon cœur allarmé;
Laissez...

SIDNEY.

Il n'est plus tems, le crime est consommé:
Tout secours est sans fruit, toutes plaintes sont vaines,
Un poison invincible a passé dans mes veines

ROSALIE.

Barbare !

HAMILTON,

Malheureux !

ROSALIE.

Il faut sauver ses jours:
Peut-être en ce malheur il est quelques secours.

HAMILTON.

Je me charge de tout, comptez sur moi, j'y vole;
Ne l'abandonnez pas (*Il sort*)

SIDNEY.

Espérance frivole!

SCENE IV.
SIDNEY, ROSALIE.
ROSALIE.

Etoit-ce donc ainsi, cruel, que vous m'aimiez?
SIDNEY.
Moi, si je vous aimois! Ah! si vous en doutiez,
Ce soupçon me rendroit la mort plus douloureuse;
Voïant que ma recherche étoit infructueuse,
J'ai méprisé des jours qui n'étoient plus pour vous;
A la mort condamné, j'ai devancé ses coups :
J'aurois vû naître, au sein des ennuis & des larmes,
Un nouvel Univers embelli par vos charmes;
La Vérité trop tard a levé le bandeau
Pour ne me laisser voir que l'horreur du tombeau;
Soumis à mon auteur, je devois sur moi-même
Attendre, en l'adorant, sa volonté suprême;
Puisqu'il vous conservoit, il vouloit mon bonheur;
J'ai blessé sa puissance, il en punit mon cœur.

SCENE V.
HAMILTON, SIDNEY, ROSALIE, DUMONT.
HAMILTON à *Dumont*.

Qui ne m'obéis-tu?

COMÉDIE.

SIDNEY.

Non, ma mort est trop sûre.

DUMONT.

Ah ! vous vous regrettez ? J'entreprens cette cure...

SIDNEY.

Chassez cet insensé :

DUMONT.

Vous êtes fort heureux
Que loin d'extravaguer, j'étois sage pour deux ;
Je vous gardois à vûe, & d'une niche obscure
J'avois vû des apprêts de fort mauvais augure ;
Distrait, ne voïant rien, en vous-même enfoncé,
Dans votre cabinet vous êtes repassé ;
Par l'alcove & sans bruit durant cet intervale,
Je suis venu changer cette liqueur fatale,
Et je ne vous tiens pas plus trépassé que moi.

ROSALIE.

Je renais.

HAMILTON.

O bonheur !

SIDNEY.

A peine je le croi...

Il baise la main de Rosalie & embrasse Hamilton & Dumont.

Rosalie... Hamilton... & toi dont l'heureux zéle
Me sauve des excès d'une erreur criminelle,
Comment puis-je payer....

DUMONT.

Vivez, je suis payé ;
Les gens de mon pays font tout par amitié ;
Ils n'envisagent point d'autre reconnaissance ;
Le plaisir de bien faire est notre récompense.

SIDNEY.

O vous, dont la vertu, les graces, la candeur,
Vont fixer sur mes jours les plaisirs & l'honneur ;
Vous, par qui je reçois une plus belle vie ;
Oubliez mes fureurs, ma chere Rosalie,
Ne voïez que l'amour qui vient me ranimer,
Le jour ne seroit rien sans le bonheur d'aimer ;
Partagez mes destins, je vous dois tout mon être,
C'est pour vous adorer, que je viens de renaître...

DUMONT.

Ne sçavois-je pas bien qu'on en revenoit là ?
Ennui, haine de soi, chansons que tout cela ;
Malgré tout le jargon de la Philosophie,
Malgré tous les chagrins, ma foi vive la vie.

FIN.

www.ingramcontent.com/pod-product-compliance
Lightning Source LLC
Chambersburg PA
CBHW070708050426
42451CB00008B/544